图说 电力法

王瑞龙　编绘

（彩图版）

U0743615

中国电力出版社
CHINA ELECTRIC POWER PRESS

图书在版编目（CIP）数据

图说电力法 / 王瑞龙编绘. —北京：中国电力出版社，2016.5（2017.11 重印）
ISBN 978-7-5123-9109-3

Ⅰ. ①图… Ⅱ. ①王… Ⅲ. ①电力法－中国－图解
Ⅳ. ①D922.292-64

中国版本图书馆CIP数据核字(2016)第061071号

中国电力出版社出版、发行
（北京市东城区北京站西街19号　100005　http://www.cepp.sgcc.com.cn）
北京盛通印刷股份有限公司印刷
各地新华书店经售

*

2016年5月第一版　2017年11月北京第二次印刷
889毫米×1194毫米　48开本　2.625印张　200千字
印数3001—5000册　定价**18.00**元

内容提要

　　《全国人民代表大会常务委员会关于修改〈中华人民共和国电力法〉等六部法律的决定》已由中华人民共和国第十二届全国人民代表大会常务委员会第十四次会议于2015年4月24日通过。为贯彻《电力法》精神，方便读者学习和理解，本书将《电力法》条文以图画形式展现出来，图文并茂，形象生动，便于学习和记忆。

　　本书可供电力系统发、输、供、配、用电部门技术人员、管理人员学习使用，也可供广大电力用户阅读参考。

中华人民共和国
电 力 法

　　1995年12月28日第八届全国人民代表大会常务委员会第十七次会议通过，1996年4月1日起施行。

　　根据2009年8月27日第十一届全国人民代表大会常务委员会第十次会议《关于修改部分法律的决定》及2015年4月24日第十二届全国人民代表大会常务委员会第十四次会议《关于修改〈中华人民共和国电力法〉等六部法律的决定》修正。

中华人民共和国主席令

第二十四号

　　《全国人民代表大会常务委员会关于修改〈中华人民共和国电力法〉等六部法律的决定》已由中华人民共和国第十二届全国人民代表大会常务委员会第十四次会议于2015年4月24日通过，现予公布，自公布之日起施行。

中华人民共和国主席　**习近平**

2015年4月24日

全国人民代表大会常务委员会
关于修改《中华人民共和国电力法》等六部法律的决定

（节选）

第十二届全国人民代表大会常务委员会第十四次会议决定，对下列法律中有关工商登记前置审批的规定作出修改：

一、对《中华人民共和国电力法》作出修改

删去第二十五条第三款中的"供电营业机构持《供电营业许可证》向工商行政管理部门申请领取营业执照，方可营业。"

中华人民共和国主席令

第十八号

　　《全国人民代表大会常务委员会关于修改部分法律的决定》已由中华人民共和国第十一届全国人民代表大会常务委员会第十次会议于2009年8月27日通过，现予公布，自公布之日起施行。

中华人民共和国主席　胡锦涛

2009年8月27日

全国人民代表大会常务委员会
关于修改部分法律的决定

（节选）

第十一届全国人民代表大会常务委员会第十次会议决定：

二、对下列法律和法律解释中关于"征用"的规定作出修改

（二）将下列法律中的"征用"修改为"征收"

18.《中华人民共和国电力法》第十六条

三、对下列法律中关于刑事责任的规定作出修改

（一）将下列法律中的"依照刑法第×条的规定"、"比照刑法第×条的规定"修改为"依照刑法有关规定"

39.《中华人民共和国电力法》第七十一条、第

四、对下列法律和有关法律问题的决定中关于治安管理处罚的规定作出修改

（一）将下列法律和有关法律问题的决定中引用的"治安管理处罚条例"修改为"治安管理处罚法"

71.《中华人民共和国电力法》第七十条

目　录

第一章 总 则

中华人民共和国电力法

第一条 为了保障和促进电力事业的发展，维护电力投资者、经营者和使用者的合法权益，保障电力安全运行，制定本法。

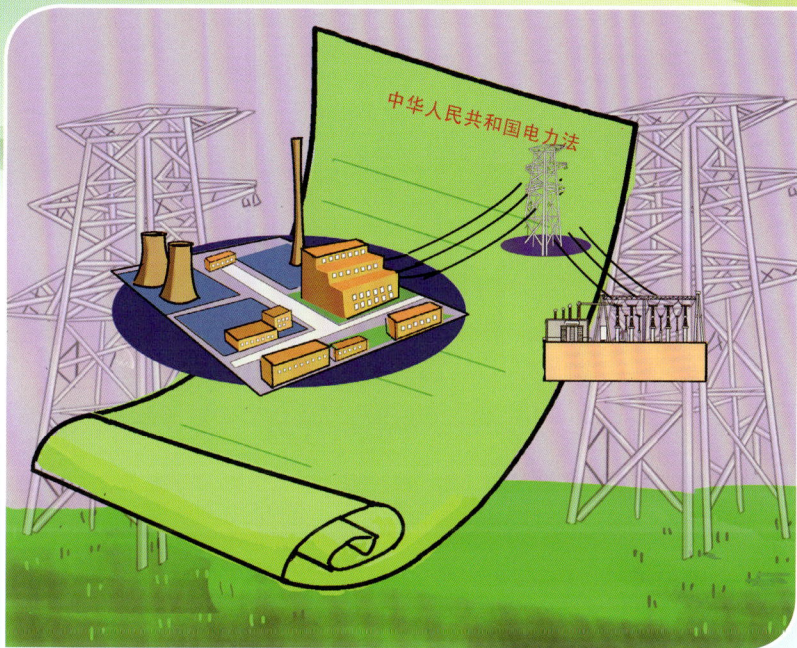

中华人民共和国电力法

第二条　本法适用于中华人民共和国境内的电力建设、生产、供应和使用活动。

　　第三条　电力事业应当适应国民经济和社会发展的需要，适当超前发展。国家鼓励、引导国内外的经济组织和个人依法投资开发电源，兴办电力生产企业。
　　电力事业投资，实行谁投资、谁收益的原则。

第四条　电力设施受国家保护。
禁止任何单位和个人危害电力设施安全或者非法侵占、使用电能。

　　第五条 电力建设、生产、供应和使用应当依法保护环境，采用新技术，减少有害物质排放，防治污染和其他公害。

生物质发电

地热能发电

太阳能发电

第五条　国家鼓励和支持利用可再生能源和清洁能源发电。

国务院有关部门在各自的职责范围内负责电力事业的监督管理。

　　第六条　国务院电力管理部门负责全国电力事业的监督管理。国务院有关部门在各自的职责范围内负责电力事业的监督管理。
　　县级以上地方人民政府经济综合主管部门是本行政区域内的电力管理部门，负责电力事业的监督管理。
　　县级以上地方人民政府有关部门在各自的职责范围内负责电力事业的监督管理。

9

第七条 电力建设企业、电力生产企业、电网经营企业依法实行自主经营、自负盈亏，并接受电力管理部门的监督。

第八条　国家帮助和扶持少数民族地区、边远地区和贫困地区发展电力事业。

　　第九条　国家鼓励在电力建设、生产、供应和使用过程中，采用先进的科学技术和管理方法，对在研究、开发、采用先进的科学技术和管理方法等方面作出显著成绩的单位和个人给予奖励。

第二章　电力建设

第十条 电力发展规划应当根据国民经济和社会发展的需要制定，并纳入国民经济和社会发展计划。

电力发展规划，应当体现合理利用能源、电源与电网配套发展、提高经济效益和有利于环境保护的原则。

　　第十一条　城市电网的建设与改造规划，应当纳入城市总体规划。城市人民政府应当按照规划，安排变电设施用地、输电线路走廊和电缆通道。

电力电缆

第十一条 任何单位和个人不得非法占用变电设施用地、输电线路走廊和电缆通道。

第十二条 国家通过制定有关政策，支持、促进电力建设。
地方人民政府应当根据电力发展规划，因地制宜，采取多种措施开发电源，发展电力建设。

优先使用权

电力投资者

第十三条 电力投资者对其投资形成的电力，享有法定权益。并网运行的，电力投资者有优先使用权；未并网的自备电厂，电力投资者自行支配使用。

第十四条　电力建设项目应当符合电力发展规划，符合国家电力产业政策。
电力建设项目不得使用国家明令淘汰的电力设备和技术。

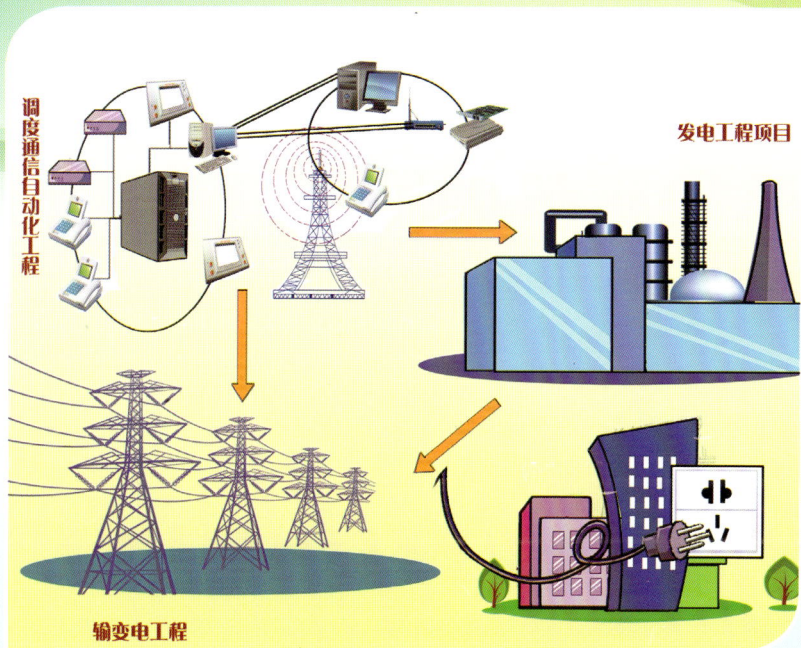

調度通信自動化工程

发电工程项目

输变电工程

第十五条 输变电工程、调度通信自动化工程等电网配套工程和环境保护工程，应当与发电工程项目同时设计、同时建设、同时验收、同时投入使用。

第十六条　电力建设项目使用土地，应当依照有关法律、行政法规的规定办理；依法征收土地的，应当依法支付土地补偿费和安置补偿费，做好迁移居民的安置工作。

电力建设应当贯彻切实保护耕地、节约利用土地的原则。

第十六条　地方人民政府对电力事业依法使用土地和迁移居民，应当予以支持和协助。

　　第十七条　地方人民政府应当支持电力企业为发电工程建设勘探水源和依法取水、用水。电力企业应当节约用水。

第三章　电力生产与电网管理

安全 优质 经济

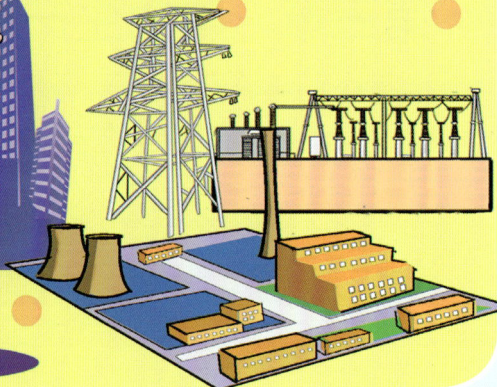

24

第十八条　电力生产与电网运行应当遵循安全、优质、经济的原则。
电网运行应当连续、稳定，保证供电可靠性。

　　第十九条　电力企业应当加强安全生产管理，坚持安全第一、预防为主的方针，建立、健全安全生产责任制度。

　　电力企业应当对电力设施定期进行检修和维护，保证其正常运行。

電煤供销合同

　　第二十条　发电燃料供应企业、运输企业和电力生产企业应当依照国务院有关规定或者合同约定供应、运输和接卸燃料。

電網最高負荷圖

電力調度

第二十一条　电网运行实行统一调度、分级管理。任何单位和个人不得非法干预电网调度。

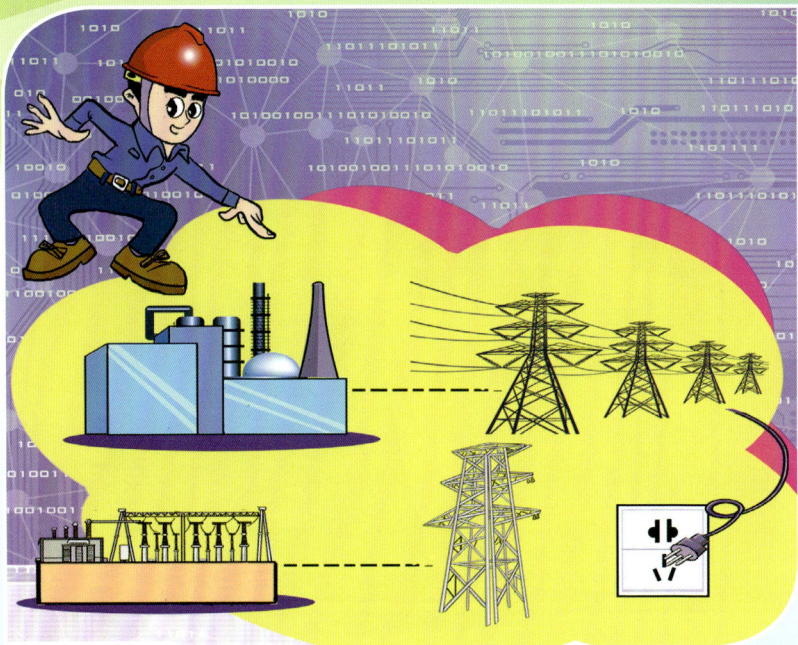

　　第二十二条　国家提倡电力生产企业与电网、电网与电网并网运行。具有独立法人资格的电力生产企业要求将生产的电力并网运行的，电网经营企业应当接受。

　　并网运行必须符合国家标准或者电力行业标准。

并网协议

第二十二条 并网双方应当按照统一调度、分级管理和平等互利、协商一致的原则,签订并网协议,确定双方的权利和义务;并网双方达不成协议的,由省级以上电力管理部门协调决定。

電力法

電網調度管理辦法

第二十三条　电网调度管理办法，由国务院依照本法的规定制定。

第四章　电力供应与使用

安全用电
节约用电
计划用电

32

第二十四条　国家对电力供应和使用，实行安全用电、节约用电、计划用电的管理原则。
电力供应与使用办法由国务院依照本法的规定制定。

第二十五条　供电企业在批准的供电营业区内向用户供电。

供电营业区的划分，应当考虑电网的结构和供电合理性等因素。一个供电营业区内只设立一个供电营业机构。

第二十五条　省、自治区、直辖市范围内的供电营业区的设立、变更，由供电企业提出申请，经省、自治区、直辖市人民政府电力管理部门会同同级有关部门审查批准后，由省、自治区、直辖市人民政府电力管理部门发给《供电营业许可证》。跨省、自治区、直辖市的供电营业区的设立、变更，由国务院电力管理部门审查批准并发给《供电营业许可证》。

第二十六条　供电营业区内的供电营业机构，对本营业区内的用户有按照国家规定供电的义务；不得违反国家规定对其营业区内申请用电的单位和个人拒绝供电。

第二十六条　申请新装用电、临时用电、增加用电容量、变更用电和终止用电，应当依照规定的程序办理手续。

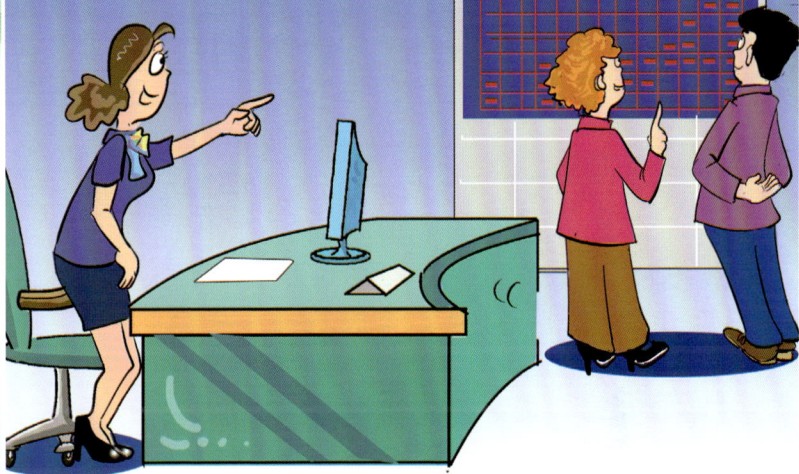

供电营业厅

37

第二十六条　供电企业应当在其营业场所公告用电的程序、制度和收费标准，并提供用户须知资料。

第二十七条 电力供应与使用双方应当根据平等自愿、协商一致的原则，按照国务院制定的电力供应与使用办法签订供用电合同，确定双方的权利和义务。

　　第二十八条　供电企业应当保证供给用户的供电质量符合国家标准。对公用供电设施引起的供电质量问题，应当及时处理。

　　用户对供电质量有特殊要求的，供电企业应当根据其必要性和电网的可能，提供相应的电力。

第二十九条 供电企业在发电、供电系统正常的情况下，应当连续向用户供电，不得中断。因供电设施检修、依法限电或者用户违法用电等原因，需要中断供电时，供电企业应当按照国家有关规定事先通知用户。

第二十九条　用户对供电企业中断供电有异议的，可以向电力管理部门投诉；受理投诉的电力管理部门应当依法处理。

第三十条　因抢险救灾需要紧急供电时，供电企业必须尽速安排供电，所需供电工程费用和应付电费依照国家有关规定执行。

　　第三十一条　用户应当安装用电计量装置。用户使用的电力电量，以计量检定机构依法认可的用电计量装置的记录为准。

　　用户受电装置的设计、施工安装和运行管理，应当符合国家标准或者电力行业标准。

第三十二条 用户用电不得危害供电、用电安全和扰乱供电、用电秩序。

第三十二条　对危害供电、用电安全和扰乱供电、用电秩序的，供电企业有权制止。

45

第三十三条　供电企业应当按照国家核准的电价和用电计量装置的记录，向用户计收电费。
供电企业查电人员和抄表收费人员进入用户，进行用电安全检查或者抄表收费时，应当出示有关证件。

第三十三条 用户应当按照国家核准的电价和用电计量装置的记录，按时交纳电费；对供电企业查电人员和抄表收费人员依法履行职责，应当提供方便。

安全用电

计划用电

节约用电

48

第三十四条　供电企业和用户应当遵守国家有关规定，采取有效措施，做好安全用电、节约用电和计划用电工作。

第五章　电价与电费

电价实行统一政策，统一定价原则，分级管理。

第三十五条　本法所称电价，是指电力生产企业的上网电价、电网间的互供电价、电网销售电价。电价实行统一政策，统一定价原则，分级管理。

51

第三十六条　制定电价，应当合理补偿成本，合理确定收益，依法计入税金，坚持公平负担，促进电力建设。

上网电价

第三十七条 上网电价实行同网同质同价。具体办法和实施步骤由国务院规定。
电力生产企业有特殊情况需另行制定上网电价的，具体办法由国务院规定。

国务院物价行政主管部门

↓ 核准

跨省、自治区、直辖市电网和省级电网内的上网电价

物价行政主管部门

↓ 核准

独立电网内的上网电价

省、自治区、直辖市人民政府

↓ 核准

地方投资的电力生产企业所生产的电力电价

第三十八条　跨省、自治区、直辖市电网和省级电网内的上网电价，由电力生产企业和电网经营企业协商提出方案，报国务院物价行政主管部门核准。

独立电网内的上网电价，由电力生产企业和电网经营企业协商提出方案，报有管理权的物价行政主管部门核准。

地方投资的电力生产企业所生产的电力，属于在省内各地区形成独立电网的或者自发自用的，其电价可以由省、自治区、直辖市人民政府管理。

第三十九条 跨省、自治区、直辖市电网和独立电网之间、省级电网和独立电网之间的互供电价，由双方协商提出方案，报国务院物价行政主管部门或者其授权的部门核准。

独立电网与独立电网之间的互供电价，由双方协商提出方案，报有管理权的物价行政主管部门核准。

第四十条 跨省、自治区、直辖市电网和省级电网的销售电价，由电网经营企业提出方案，报国务院物价行政主管部门或者其授权的部门核准。

独立电网的销售电价，由电网经营企业提出方案，报有管理权的物价行政主管部门核准。

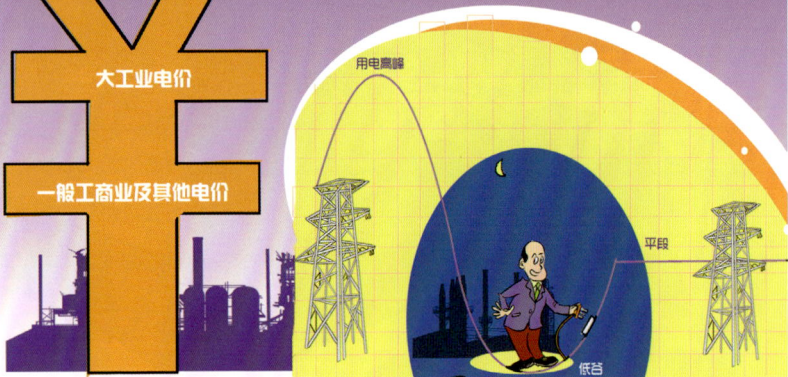

分类电价

分时电价

大工业电价

一般工商业及其他电价

用电高峰

平段

低谷

第四十一条 国家实行分类电价和分时电价。分类标准和分时办法由国务院确定。对同一电网内的同一电压等级、同一用电类别的用户，执行相同的电价价标准。

第四十二条　用户用电增容收费标准，由国务院物价行政主管部门会同国务院电力管理部门制定。

第四十三条　任何单位不得超越电价管理权限制定电价。供电企业不得擅自变更电价。

第四十四条 禁止任何单位和个人在电费中加收其他费用；但是，法律、行政法规另有规定的，按照规定执行。

第四十四条 地方集资办电在电费中加收费用的，由省、自治区、直辖市人民政府依照国务院有关规定制定办法。

第四十四条　禁止供电企业在收取电费时，代收其他费用。

电价管理办法

第四十五条　电价的管理办法，由国务院依照本法的规定制定。

第六章　农村电力建设和农业用电

64

第四十六条　省、自治区、直辖市人民政府应当制定农村电气化发展规划，并将其纳入当地电力发展规划及国民经济和社会发展计划。

边远地区

电力建设

第四十七条 国家对农村电气化实行优惠政策，对少数民族地区、边远地区和贫困地区的农村电力建设给予重点扶持。

第四十八条　国家提倡农村开发水能资源，建设中、小型水电站，促进农村电气化。

生物质发电

风能发电

地热能发电

太阳能发电

第四十八条　国家鼓励和支持农村利用太阳能、风能、地热能、生物质能和其他能源进行农村电源建设，增加农村电力供应。

電力指標図

農業用電

　　第四十九条　县级以上地方人民政府及其经济综合主管部门在安排用电指标时，应当保证农业和农村用电的适当比例，优先保证农村排涝、抗旱和农业季节性生产用电。

第四十九条　电力企业应当执行前款的用电安排，不得减少农业和农村用电指标。

农村电价

第五十条 农业用电价格按照保本、微利的原则确定。

农村生活用电电价　＝　城镇居民生活用电电价

第五十条　农民生活用电与当地城镇居民生活用电应当逐步实行相同的电价。

农业和农村用电管理办法

第五十一条　农业和农村用电管理办法，由国务院依照本法的规定制定。

第七章　电力设施保护

啊！

74

第五十二条　任何单位和个人不得危害发电设施、变电设施和电力线路设施及其有关辅助设施。

在电力设施附近爆破是需要批准并且要有安全措施的！

第五十二条　在电力设施周围进行爆破及其他可能危及电力设施安全的作业的，应当按照国务院有关电力设施保护的规定，经批准并采取确保电力设施安全的措施后，方可进行作业。

电缆保护区

第五十三条 电力管理部门应当按照国务院有关电力设施保护的规定，对电力设施保护区设立标志。

电力设施保护区

　　第五十三条　任何单位和个人不得在依法划定的电力设施保护区内修建可能危及电力设施安全的建筑物、构筑物，不得种植可能危及电力设施安全的植物，不得堆放可能危及电力设施安全的物品。

78

第五十三条　在依法划定电力设施保护区前已经种植的植物妨碍电力设施安全的，应当修剪或者砍伐。

电缆通道

　　第五十四条　任何单位和个人需要在依法划定的电力设施保护区内进行可能危及电力设施安全的作业时，应当经电力管理部门批准并采取安全措施后，方可进行作业。

第五十五条 电力设施与公用工程、绿化工程和其他工程在新建、改建或者扩建中相互妨碍时，有关单位应当按照国家有关规定协商，达成协议后方可施工。

第八章　监督检查

第五十六条　电力管理部门依法对电力企业和用户执行电力法律、行政法规的情况进行监督检查。

第五十七条　电力管理部门根据工作需要，可以配备电力监督检查人员。

第五十七条　电力监督检查人员应当公正廉洁，秉公执法，熟悉电力法律、法规，掌握有关电力专业技术。

85

第五十八条　电力监督检查人员进行监督检查时，有权向电力企业或者用户了解有关执行电力法律、行政法规的情况，查阅有关资料，并有权进入现场进行检查。

第五十八条　电力企业和用户对执行监督检查任务的电力监督检查人员应当提供方便。
电力监督检查人员进行监督检查时，应当出示证件。

第九章　法律责任

第五十九条 电力企业或者用户违反供用电合同，给对方造成损失的，应当依法承担赔偿责任。

　　第五十九条　电力企业违反本法第二十八条、第二十九条第一款的规定，未保证供电质量或者未事先通知用户中断供电，给用户造成损失的，应当依法承担赔偿责任。

第六十条　因电力运行事故给用户或者第三人造成损害的，电力企业应当依法承担赔偿责任。
电力运行事故由下列原因之一造成的，电力企业不承担赔偿责任：
　（一）不可抗力；

第六十条 （二）用户自身的过错。

养鸡场

第六十条　因用户或者第三人的过错给电力企业或者其他用户造成损害的，该用户或者第三人应当依法承担赔偿责任。

93

第六十一条　违反本法第十一条第二款的规定，非法占用变电设施用地、输电线路走廊或者电缆通道的，由县级以上地方人民政府责令限期改正；逾期不改正的，强制清除障碍。

94

第六十二条 违反本法第十四条规定，电力建设项目不符合电力发展规划、产业政策的，由电力管理部门责令停止建设。

第六十二条　违反本法第十四条规定，电力建设项目使用国家明令淘汰的电力设备和技术的，由电力管理部门责令停止使用，没收国家明令淘汰的电力设备，并处五万元以下的罚款。

第六十三条　违反本法第二十五条规定，未经许可，从事供电或者变更供电营业区的，由电力管理部门责令改正，没收违法所得，可以并处违法所得五倍以下的罚款。

第六十四条　违反本法第二十六条、第二十九条规定，拒绝供电或者中断供电的，由电力管理部门责令改正，给予警告；情节严重的，对有关主管人员和直接责任人员给予行政处分。

第六十五条 违反本法第三十二条规定，危害供电、用电安全或者扰乱供电、用电秩序的，由电力管理部门责令改正，给予警告；情节严重或者拒绝改正的，可以中止供电，可以并处五万元以下的罚款。

第六十六条 违反本法第三十三条、第四十三条、第四十四条规定，未按照国家核准的电价和用电计量装置的记录向用户计收电费、超越权限制定电价或者在电费中加收其他费用的，由物价行政主管部门给予警告，责令返还违法收取的费用，可以并处违法收取费用五倍以下的罚款；情节严重的，对有关主管人员和直接责任人员给予行政处分。

哎呀，这春耕正忙呢，怎么又停电了？

第六十七条　违反本法第四十九条第二款规定，减少农业和农村用电指标的，由电力管理部门责令改正；情节严重的，对有关主管人员和直接责任人员给予行政处分；造成损失的，责令赔偿损失。

　　第六十八条　违反本法第五十二条第二款和第五十四条规定，未经批准或者未采取安全措施在电力设施周围或者在依法划定的电力设施保护区内进行作业，危及电力设施安全的，由电力管理部门责令停止作业、恢复原状并赔偿损失。

第六十九条　违反本法第五十三条规定，在依法划定的电力设施保护区内修建建筑物、构筑物或者种植植物、堆放物品，危及电力设施安全的，由当地人民政府责令强制拆除、砍伐或者清除。

　　第七十条　有下列行为之一，应当给予治安管理处罚的，由公安机关依照治安管理处罚法的有关规定予以处罚；构成犯罪的，依法追究刑事责任：
　　（一）阻碍电力建设或者电力设施抢修，致使电力建设或者电力设施抢修不能正常进行的；
　　（二）扰乱电力生产企业、变电所、电力调度机构和供电企业的秩序，致使生产、工作和营业不能正常进行的；
　　（三）殴打、公然侮辱履行职务的查电人员或者抄表收费人员的；
　　（四）拒绝、阻碍电力监督检查人员依法执行职务的。

　　第七十一条　盗窃电能的，由电力管理部门责令停止违法行为，追缴电费并处应交电费五倍以下的罚款；构成犯罪的，依照刑法有关规定追究刑事责任。

第七十二条　盗窃电力设施或者以其他方法破坏电力设施，危害公共安全的，依照刑法有关规定追究刑事责任。

电力管理部门

　　第七十三条　电力管理部门的工作人员滥用职权、玩忽职守、徇私舞弊，构成犯罪的，依法追究刑事责任；尚不构成犯罪的，依法给予行政处分。

　　第七十四条　电力企业职工违反规章制度、违章调度或者不服从调度指令，造成重大事故的，依照刑法有关规定追究刑事责任。

　　电力企业职工故意延误电力设施抢修或者抢险救灾供电，造成严重后果的，依照刑法有关规定追究刑事责任。

　　电力企业的管理人员和查电人员、抄表收费人员勒索用户、以电谋私，构成犯罪的，依法追究刑事责任；尚不构成犯罪的，依法给予行政处分。

第十章 附 则

中华人民共和国电力法

109

第七十五条　本法自1996年4月1日起施行。